Michael Heinen-Anders
Homosexualität und
Anthroposophie – einige
Impressionen

Herstellung und Verlag: Books on Demand GmbH,
Norderstedt

ISBN **9783744829595**

Inhaltsverzeichnis

Homosexualität und Anthroposophie

Eine unangenehme Begegnung

Autobiographische Notiz

Homosexualität und Anthroposophie

Die Homosexualität wird von Rudolf Steiner selten erwähnt. In der Rudolf Steiner Gesamtausgabe finden sich nur folgende Äußerungen:

"Es ist doch in dieser Beziehung richtig, was Moriz Benedikt, der Kriminalpsychologe und sonst übrigens ausgezeichnete Arzt, einmal gesagt hat mit Bezug auf alle Redereien über jugendliche Perversitäten, auch mit Bezug auf Homosexualität, überhaupt in Bezug auf alles dasjenige, was geredet wird und so geredet wird, als ob es wiederum beobachtet werden soll - über alles das hat Moriz Benedikt, es ist ein Jahrzehnt her, gesagt: Vor 30 Jahren haben wir jungen Ärzte über dieses Kapitel nicht so viel gewußt wie heute die jungen Pensionatmädels." (Lit.: GA 302a, S. 86)

"Ich mache Sie da zum Beispiel aufmerksam, wie gemein, widerlich gemein die moderne Zeit so etwas auffaßt wie das Verhältnis des Sokrates zu seinen Schülern. Man redet da von einer Art Homosexualität, während das auf eine Seite der Seelenkräfte hinweist, wo nicht nur durch das Wort, sondern durch das Beisammensein des Sokrates mit seinen Schülern etwas bewirkt wurde. Die Anwesenheit des Menschen bedeutete ihnen etwas. Es ist eine ekelhafte Verleumdung der Dinge, wenn heute auf diese Sachen im Griechentum die Begriffe der Homosexualität angewendet werden." (Lit.: GA 342, S. 140)

Der Autor Harald Högler äußert sich in seinem Werk "An den europäischen Menschen" über die Homosexualität aus seiner, anthroposophischen Sicht: "Etwas wo sich vorangegangenes ungesundes Seelenleben ebenfalls bis in die physische Leiblichkeit hinein ausgewirkt hat, ist die Homosexualität. Sie ist ein Ergebnis des ungerechtfertigten Eindringens ins Geistige, des lediglich Naschens an der geistigen Welt, wie Rudolf Steiner es ausdrückt. Doch die Ursache der jetzigen Veranlagung liegt im vorangegangenen Erdenleben. Dass heute das Sakrament der Ehe nicht mehr vom Sakrileg unterschieden werden soll, das ist bald für alle Lebensbereiche symptomatisch und zeigt die Notwendigkeit der Geisterkenntnis für Europa." (Harald Högler, An den europäischen Menschen, S. 32). Vielleicht ist es daher sinnvoll, von der Homosexualität, als Verirrung zu sprechen, welche gleichfalls wie der Atheismus krankhafte Züge aufweist.

"Das wird die Autoren des Buchs »Sexualkunde in der Waldorfpädagogik« nicht beruhigen, denn dort gilt Pornographie ohnehin als Teufelswerk. Sexuelle Vielfalt sucht man hier vergebens, lediglich Homosexualität findet sich als »brennende Frage aus der Praxis« und kann laut Michaela Glöckler ihre Ursache u.a. in gewaltvollen sexuellen Erlebnissen der vergangenen Inkarnationen haben. Statt Gender-Mainstreaming, das nach Rollenbildern und Stereotypen fragen würde, lässt sich lernen, dass die Frau sich für das tiefe, intellektuelle Nachdenken weniger eignet als der Mann und ein leistungsorientiertes Bildungssystem männlich ist." (Valentin Hacken)

Anders hingegen ist die Selbsteinschätzung homosexueller Anthroposophen. In einem Artikel in der "TAZ - die tageszeitung" vom 28.09.2002 heißt es denn auch: "Eine Phase der Politisierung der Homosexualität hat die Lehre Steiners nie erlebt. Sie nahm nicht Teil am Kampf gegen den Paragrafen 175, der die gleichgeschlechtliche Liebe jahrzehntelang unter Strafe gestellt hat, sie entdeckte nie die Chancen, die sich aus der Auflösung konventioneller Beziehungsmuster ergeben. Die befreiende Vielfalt von Lebensformen war ihr ein Gräuel oder wurde milde mit dem Mantel des Schweigens zugedeckt. 1987 schrieb Christoph Kranich: "Wer in die anthroposophische Welt erst als Erwachsener hineinkommt und vorher seine gleichgeschlechtliche Orientierung entdeckt hat, empfindet meist die Stimmung, die ihm entgegengebracht wird, als einen Rückschritt in die 50er-Jahre: Tabu, Vorurteil, Wegschauen oder gar Ablehnung und ‚Heilungs'- Versuche." Dieser Befund gilt im Wesentlichen auch heute noch. Kranich ist Gründer von "Bi…sophie", einer bundesweiten Arbeitsgruppe, die sich mit Anthroposophie und Homosexualität auseinander setzt. Während in den Anfangsjahren in diesem Kreis nur Männer Mitglied waren, änderten sich ab 1991 die Verhältnisse. Die neue Arbeitsgruppe Bi-/Homosexualität & Anthroposophie steht auch Frauen offen. Im Jahr 2000 brachte die Gruppe als "Krönung langjähriger Arbeit", so eine Selbsteinschätzung, das Buch "Liebe Leben" heraus. Laut Kranich wurde es öffentlich kaum wahrgenommen und ist damit recht einflusslos geblieben. Trotzdem ist das Buch für die anthroposophische Gemeinschaft ein Schritt nach vorne, mindestens in der Theorie, die jetzt praktische Folgen haben muss."

Wie leicht Befürworter der Homosexualität übers Ziel hinauszuschießen pflegen wird deutlich an dem Beitrag von Jens R. Prochnow: „Wie schwul war Steiner?" in Info3, Nr. 6/2002, S. 48-49.

Dimitar Mangurov, bulgarischer Anthroposoph, über die seines Erachtens wahren Ursachen der Homosexualität (mitgeteilt von Wolfgang Stadler):

"Wir wissen, dass der Mann einen weiblichen Ätherleib hat und die Frau – einen männlichen. Wenn der Mann einen männlichen physischen Leib und einen weiblichen Ätherleib hat, kommt es zur Harmonisierung zum Gleichgewicht der beiden und dann ist der Astralleib, in dem das Bewusstsein sich entwickelt, neutral. Dort wohnt die Seele. Sie und der Astralleib besitzen kein Geschlecht, aber äußerlich ist der Mensch in einem bestimmten Geschlecht individualisiert. Wenn man aber Transvestiten, Homosexuelle usw. betrachtet, sind die Dinge bei ihnen anders gelagert. Ein Transvestit wird beispielsweise als Mann geboren. aber sein Ätherleib ist weiblich, das ist obligatorisch und keine Frage der persönlichen Wünsche oder dergleichen. Warum beginnt dieser Mann, sich als eine Frau zu benehmen? Weil es wegen des Missbrauchs der Sexualität in früheren Leben zu einer Infektion des Astralleibes kam. Wenn man den Astralleib infiziert, wird diese Infektion durch das Karma in das gegenwärtige Leben auf den Ätherleib übertragen, von dort gelangt sie in den physischen Leib und der Mann wird instinktiv vom weiblichen Prinzip angezogen. Der Ursprung dieses Instinkts sind nicht die Gene des physischen Körpers, sondern die astralische Infektion aus dem vorherigen Leben. Als Ergebnis fühlt sich dieser Mann körperlich als eine Frau, sein Ätherleib ist weiblich, somit haben wir zwei Frauen, es fehlt die Harmonie im Astralleib und die Seele quält sich. Solche Menschen, die zwei Frauen in sich vereinen, sind tief unglücklich, denn sie wissen nicht, was sie sind. Sie sagen: Ich möchte mich auf diese Weise ausleben, ich habe das „demokratische" Recht darauf. Nein, Mann, du bist durcheinander, denn dein Astralleib ist infiziert, was an dem endlosen Missbrauch der Sexualität liegt. Können Sie sich vorstellen, was später aus dem gigantischen Sexualitätsmissbrauch, der im 20. Jahrhundert massenhaft begann, als die Asuras sich in die Entwicklung einmischten! Früher hatte Giacomo Casanova einige Dutzend Frauen und den Ruhm eines legendären Liebhabers, heutzutage kann jede prominente Persönlichkeit Hunderte, ja sogar Tausende sexuelle Errungenschaften aufzählen. Es soll sogar Liebesdienerinnen geben, die an einem Sex-Marathon mit Tausenden von Männern innerhalb von wenigen Tagen teilnehmen. Das wird ein gigantisches Karma und furchtbare zukünftige Infektionen nach sich ziehen und nachdem solche Menschen reinkarniert sein werden, werden sie den ungezügelten Sex und die anderen Entartungen des gesunden Menschenverstandes propagieren.

Solche Menschen werden zum idealen Werkzeug Ahrimans, Luzifers und der Asuras!"

"Das alles deutet letztlich darauf hin, dass ein geistiger Entwicklungsschritt der Menschheit verpasst wurde, in dem nämlich eine Arbeit der Engel im Auftrag der Exusiai am Astralleib der Menschen von diesen nicht bemerkt wurde, sodass sie in die schlafenden Ätherleiberverlegt werden musste. Das führt dazu, dass statt zukünftig neuer sozialer Formen nun das Tier im Menschen hochgezüchtet wird, indem «gewisse Instinkte, die grauenvoll sein werden», heraufkommen (Rudolf Steiner, GA 182, Sonderdruck, S. 27). Die Naturwissenschaft wird es selbstverständlich finden, «wenn die Menschen zu halben Teufeln werden durch ihre sexuellen Instinkte.» Sollten wir in dieser Szene schon angekommen sein, so steht uns fast kein Rezept mehr zur Verfügung. Nur durch stete Bewusstmachung solcher Phänomene auf breiter Front wäre vielleicht noch ein wenig gegenzusteuern." (Lore Deggeller).

Zum Umgang der Christengemeinschaft mit homosexuellen Paaren

"Die 1922 mit Unterstützung von Rudolf Steiner gegründete „Christengemeinschaft" gehört zu den unauffälligeren Impulsen der Anthroposophie. Sie widmet sich vorrangig der Pflege des religiös-kultischen Lebens und hält sich, anders als die großen Kirchen, in gesellschaftlichen Fragen eher zurück. Umso erstaunlicher, dass sie gerade beim Thema Homo-Ehe liberale Wege geht. Während sich hier insbesondere die katholische Kirche schwer tut, brauchen sich in den Gemeinden der Christengemeinschaft gleichgeschlechtlich liebende PriesterInnen nicht zu verstecken und werden homosexuelle Paare gesegnet." Dennoch gilt die Ehe zwischen Mann und Frau als der Normalfall. Und nur für letztere ist das Trauungssakrament bestimmt.

Die katholische Kirche zur Homosexualität

"Eine nicht geringe Anzahl von Männern und Frauen haben tiefsitzende homosexuelle

Tendenzen. Diese Neigung, die objektiv ungeordnet ist, stellt für die meisten von ihnen eine Prüfung dar. Ihnen ist mit Achtung, Mitleid und Takt zu begegnen. Man hüte sich, sie in irgend einer Weise ungerecht zurückzusetzen. Auch diese Menschen sind berufen, in ihrem Leben den Willen Gottes zu erfüllen und, wenn sie Christen sind, die Schwierigkeiten, die ihnen aus ihrer Verfasstheit erwachsen können, mit dem Kreuzesopfer des Herrn zu vereinen.

Homosexuelle Menschen sind zur Keuschheit gerufen. Durch die Tugenden der Selbstbeherrschung, die zur inneren Freiheit erziehen, können und sollen sie sich - vielleicht auch mit Hilfe einer selbstlosen Freundschaft -, durch das Gebet und die sakramentale Gnade Schritt um Schritt, aber entschieden der christlichen Vollkommenheit annähern

(Katechismus der Katholischen Kirche, 1997, Nr. 2358, 2359)"

Aus einem psychotherapeutischen Ratgeber

"Homosexualität bedeutet entweder, daß sich die Geschlechtsumwandlung der Lebensorganisation ab der Pubertät nicht vollzogen hat, so daß die Interessen und Bedürfnisse des Seeleleibes aus einer Lebensorganisation herkommen, die das Geschlecht des physischen Leibes hat; oder aber der seelische Bedürfnisleib ist zu stark mit dem physischen Leib und dessen Geschlecht verbunden und erlebt zu wenig die eigene Lebensorganisation. Diese letztere Form wäre eindeutig ein pathologischer Fall; dagegen ist die Homosexualität aus der ersten Möglichkeit eher eine ungewöhnliche Variante von der Norm, ohne daß ihr ein Krankheitswert zukäme."
(Markus Treichler, Sprechstunde Psychotherapie, S. 276)

Literatur:

Rudolf Steiner: Erziehung und Unterricht aus Menschenerkenntnis, GA 302a (1993), ISBN 3-7274-3025-7

Rudolf Steiner: Vorträge und Kurse über christlich-religiöses Wirken, I, GA 342 (1993), ISBN 3-7274-3420-1

Flensburger Hefte Nr. 68: Liebe leben - Homosexualität und die Vielfalt der Lebensformen in Zeiten der Individualisierung, Flensburger Hefte Vlg., Flensburg 2000

Harald Högler: An den europäischen Menschen, Pro Business Vlg., Berlin 2009

Lore Deggeller: Sexuelle Früherziehung, in: Wochenschrift "Das Goetheanum", 11, 14. März 2014, S. 6

Markus Treichler: Sprechstunde Psychotherapie. Krisen - Krankheiten an Leib und Seele - Wege zu ihrer Bewältigung, Urachhaus Vlg., Stuttgart 1993

Weblinks:

TAZ-Artikel vom 28.09.2002 "Schwule Anthroposophen" von Richard Roman[1]

Interview mit Michaela Glöckler zu Schule und Homosexualität[2]

Valentin Hacken: Die Sexualkunde gehört entrümpelt. Eine Polemik[3]

Dimitar Mangurov über den Dämonismus der sexuellen Revolution und über Homosexualität[4]

Christengemeinschaft und Homosexualität - Ein Interview[5]

Homosexualität in Europa[6]

---

[1] http://www.taz.de/1/archiv/archiv-start/?dig=2002/09/28/a0166

[2] http://www.erziehungskunst.de/fileadmin/archiv_alt/1998/p003ez06 98-682-693-Gloeckler.pdf

[3] http://www.erziehungskunst.de/artikel/zeichen-der-zeit/die-sexualkunde-gehoert-entruempelt-eine-polemik/

[4] https://erzengelmichaelblog.wordpress.com/2017/12/12/der-daemonismus-der-sexuellen-revolution/

[5] https://www.info3-magazin.de/ein-segen-fur-alle/

[6] https://blog.zeit.de/teilchen/2016/10/19/so-schwul-ist-europa/

Eine unangenehme Begegnung

Ohne darin etwas zu verallgemeinerndes erblicken zu wollen, berichte ich im Folgenden über ein persönliches Erlebnis mit einem homosexuellen Anthroposophen.

Bereits vor diesem Zeitpunkt hatte ich im Rahmen meiner Tätigkeit in einer Bergisch Gladbacher Buchhandlung, schon erste Begegnungen mit anthroposophischen Schriften - insbesondere aus der Feder Rudolf Steiners - gemacht. Und zwar gab es dort einen Kunden, einen Fachhochschuldozenten, der dort seine Zyklen (Vortragsmitschriften) Rudolf Steiners regelmässig erstand. Dies liess mich, da ich gerade auf der spirituellen Sinnsuche war, schließlich auch zu Schriften und Vorträgen

Rudolf Steiners greifen, von welchen ich durchaus begeistert war. Bei dem gleichen Herrn, Dr.-Ing. W. besuchte ich einige Jahre später einen Einführungskurs in Rudolf Steiners „Geheimwissenschaft im Umriß".

Anfangs der 80er Jahre besuchte ich häufig einen Treffpunkt von Jugendlichen und jungen Erwachsenen im Kölner Stadtwald („Bahnwiese"). Dabei war ich oft in Begleitung einer Freundin, Claudia M., mit der ich lange und intensive Gespräche, über Spiritualität und andere Gegenstände des gemeinsamen Interesses führte.

Dabei lernte ich auch einen Anthroposophen namens Roland K. kennen. Da wir einen gemeinsamen Freund – einen Sri-Aurobindo-Anhänger - hatten, der nicht homosexuell war, vermutete ich auch bei Roland K. zunächst keine solche Homosexualität.

Er wohnte bei der Christengemeinschaft Köln-West. Dort besuchte ich ihn einmal.

Sein Zimmer dort war recht klein und nur notdürftig eingerichtet. Schon damals fiel mir aber an seinem Verhalten etwas schwer zu definierendes auf. Neben aller anthroposophischen Gelehrsamkeit verströmte er ein fast klebrig zu nennendes Verhalten, und mich irritierte, wenn er vermeintlich ohne Hintergedanken, bei seinen endlosen Reden meinem Sitz immer näher rückte, was ich aber erst später richtig einzuordnen wußte.

Merkwürdig wurde es, als er mir sagte, er habe ,Mein Kampf' gelesen und hielte sich für die Reinkarnation Adolf Hitlers. Noch merkwürdiger wurde es, als er mir mitteilte (ohne Angabe von Gründen), er könne nicht länger in der Christengemeinschaft wohnen, müsse aber dringend seine Diplom-Arbeit in Sozialarbeit fertig stellen, ob ich ihn nicht in meiner

Wohnung in Köln-Junkersdorf aufnehmen könne.

Ich sagte zu, für eine begrenzte Zeit.

Es stellte sich dann – nach längerer Zeit heraus -
heraus, dass Roland K. gerne männlichen
Personen aus meinem Umfeld homosexuelle
Avancen machte. Zudem erzählte er schließlich,
er habe sich mit einem homosexuellen Freund
geprügelt.

Später erfuhr ich dann, dass er sich auch mit
seinem leiblichen Vater geprügelt hatte, und dass
dies in der Anthroposophischen Gesellschaft,
Zweig Köln, wo er auch Mitglied war, bekannt
geworden war.

Zur gleichen Zeit hatte ich eine sexuelle
Beziehung mit einer Kölner Studentin – Monika
G. - aufgenommen, es muß Roland K. also klar

gewesen sein, dass ich nicht gerade vom „anderen Ufer" war.

Lange Zeit nach diesen Ereignissen erzählte mir diese Dame, davon, sie habe Roland K. einmal getroffen, als sie auf dem Weg zu mir war. Er versuchte – nach ihren Schilderungen – nachgerade ihr auszureden, dass ich ein passabler Partner sei. Die Beziehung zu dieser Frau war aber ohnehin nach einigen Wochen bereits wieder passé, da sie in einer reinen fünfköpfigen Frauen-WG lebte, und dort offensichtlich die einzige heterosexuell empfindende Bewohnerin war. Ihre Mitbewohnerinnen wollten meine regelmässigen Besuche dort wohl nicht mehr tolerieren, so dass ich schließlich ganz darauf verzichten musste.

Roland K. meditierte viel und gerne, ohne dass er mir etwas über den Inhalt seiner Meditationen verriet. Westlicher Pop- und Rock-Musik gegenüber, war er völlig verschlossen, er hörte dafür gerne Opern und klassische Symphonien. Als er eines Tages, als er noch bei mir weilte, von einer Besucherin ein Geschenk in Form einer Jazz-Rock-LP erhielt, lehnte er dieses Geschenk zwar nicht ab, aber machte mir klar, dass er solche Musik nicht hören könne.

Daher überließ er es mir diese LP gegebenenfalls zu entsorgen, oder andernfalls auch zu behalten.

Als es etwas zu Feiern gab, ich meine es war sein Fachhochschulexamen, da lud ich ihn zu Pizza und Wein in ein nahegelegenes Lokal ein. Er ließ sich die Pizza schmecken und offenbar mundete ihm auch der Rotwein, jedenfalls äußerte er nichts gegenteiliges.

Einige Zeit später machte er mir aber heftige Vorwürfe, ihn zum Alkoholgenuss verführt zu haben, obwohl dies gar nicht meine Intention gewesen war. Er sagte unter anderem, dies werfe ihn esoterisch wieder um Meilen zurück.

Sein Verhalten mir gegenüber wurde von Tag zu Tag mental übergriffiger. Ein Jugendfreund, der mich in dieser Zeit besuchte, schüttelte hinterher nur den Kopf über diesen Gast, den ich zu beherbergen auf mich genommen hatte.

Auch er empfand die Stimmung angesichts Roland K.'s Anwesenheit seltsam gedrückt, und es schien ihm eine latente Aggression in der Luft zu liegen.

Roland K. ließ sich aber nicht dazu herab, auch finanziell etwas zur Miete beizutragen. Auch andere Menschen empfanden ihn als höchst absonderlich, wie sie mir im Nachhinein erzählten.

Da ich aufgrund seines bizarren Verhaltens schließlich selbst Angst haben musste, von ihm mit körperlicher und/oder homosexueller Gewalt bedroht werden zu können, verwies ich ihn schließlich meiner Wohnung. Er zog ins

Studentenwohnheim, den Heilpädagogischen Kurs Rudolf Steiners ließ er zurück, als Geschenk.

Einige Zeit später – es mögen sechs Wochen seit seinem Auszug vergangen sein – tauchte er wieder an meiner Wohnungstüre auf, äußerst aggressiv agierend und verlangte den Heilpädagogischen Kurs zurück. Ich gab ihn zurück, und meinte, damit sei die Angelegenheit erledigt. Mit einem Male versuchte er aber, nachdem er das Buch zurückerhalten hatte, mich mit Fäusten zu schlagen. Ich konnte dieser Attacke mit einem Sprung seitwärts entweichen.

Darauf floh er, als hätten ihn die Taranteln gestochen.

Ich begegnete ihm noch mehrere Male in der Uni-Mensa. Da ich mit Gewaltattacken rechnen musste, hielt ich immer ausreichend Abstand.

Wie er mir erzählt hatte fuhr er regelmässig nach Düsseldorf, um sich dort von einem anthroposophischen Homöopathen, der meines Wissens aber überwiegend Kinderarzt war, behandeln zu lassen.

Einmal erlebte ich mit, wie er in einem DB-Zug, aus Düsseldorf kommend, einen männlichen Mitreisenden, im Stile eines Zeugen Jehovas vorgeblich für Anthroposophie werbend, gleichzeitig aber auf äußerst klebrige Art sexuell anzubaggern versuchte.

Ein einziges Mal begegnete ich ihm noch bei der Anthroposophischen Gesellschaft, Zweig Köln, nachdem ich selbst dort 1994 Mitglied geworden war. Er ging zu meinem Erstaunen an Krücken.

Sehr viel später erfuhr ich, dass er, - den genauen Grund werde ich wohl nie erfahren - vom Leiter des anthroposophischen Zweigs, dort ausgeschlossen worden war. Er erhielt Hausverbot dort.

Dies alles erfuhr ich im Vertrauen von Frau S., die gleichfalls in der anthroposophischen Arbeitsgruppe aktiv war, der ich mich angeschlossen hatte. In dieser Zeit hörte ich einmal die Leiterin dieser Arbeitsgruppe, Frau T., eine Bemerkung über Roland K., machen. Sie war wohl auch Mieterin in dem Gebäude der Christengemeinschaft, das Roland K., anfänglich gleichfalls bewohnte. „Ein schlimmer Mensch", sagte sie nur, ohne weitere Details zu verraten, um dabei gleichzeitig eine Grimmasse einzunehmen, als habe sie etwas schwer verdauliches zu sich genommen.

Es ist gut möglich, dass Roland K. zwischenzeitlich nicht mehr lebt. Er könnte – ohne dass ich das sicher weiß – etwa an AIDS gestorben sein.

Ich habe fortan nie mehr von ihm gehört, oder ihn gar gesehen. Dabei dachte ich noch lange Zeit daran, mich mit ihm eventuell auszusöhnen, ohne jedoch zu wissen, ob dies möglich und ob dies sinnvoll sei. Schließlich wußte ich rein gar nichts über die Hintergründe seines „handgreiflichen" Unmuts. Doch erneute Scherereien mit ihm, die wollte ich mir doch nicht einhandeln.

Autobiographische Notiz:

Michael Heinen-Anders wurde am 25.02.1960 in Köln geboren. Er studierte an der Bergischen Universität Wuppertal Wirtschafts- und Sozialwissenschaften.
1989 schloss er das Studium als Diplom-Ökonom ab.
Michael Heinen-Anders trat 1994 der Anthroposophischen Gesellschaft, Zweig Köln, bei.
Seit 2011 ist er gleichfalls Mitglied der Freien Hochschule für Geisteswissenschaft.
Er veröffentlichte zahlreiche literarische, essayistische und wissenschaftliche Schriften, darunter „Aus anthroposophischen Zusammenhängen", BOD, Norderstedt 2010 und „Aus anthroposophischen Zusammenhängen Band II", BOD, Norderstedt 2017.
Michael Heinen-Anders lebt in Köln, ist geschieden und hat zwei erwachsene Töchter.